BEI GRIN MACHT SICH IHR WISSEN BEZAHLT

- Wir veröffentlichen Ihre Hausarbeit, Bachelor- und Masterarbeit

- Ihr eigenes eBook und Buch - weltweit in allen wichtigen Shops

- Verdienen Sie an jedem Verkauf

Jetzt bei www.GRIN.com hochladen und kostenlos publizieren

Bibliografische Information der Deutschen Nationalbibliothek:

Die Deutsche Bibliothek verzeichnet diese Publikation in der Deutschen National-
bibliografie; detaillierte bibliografische Daten sind im Internet über http://dnb.d-
nb.de/ abrufbar.

Impressum:

Copyright © 2015 GRIN Verlag, Open Publishing GmbH
Druck und Bindung: Books on Demand GmbH, Norderstedt Germany
ISBN: 978-3-668-06077-7

Dieses Buch bei GRIN:

http://www.grin.com/de/e-book/307573/outsourcing-in-die-sichere-cloud-optimie-
rung-der-it-sicherheit-oder-risiko

Marc Sundermann

Outsourcing in die sichere Cloud. Optimierung der IT-Sicherheit oder Risiko?

GRIN Verlag

FOM Hochschule für Oekonomie & Management

Studienzentrum Hamburg

Hausarbeit

Thema

Outsourcing in die sichere Cloud

Optimierung der eigenen Sicherheit durch fremde Hände

von

Marc Sundermann

Abgabedatum   2015-08-31

Inhaltsverzeichnis

Abkürzungsverzeichnis

CAPEX	Capital expenditure
CIA	Central Intelligence Agency
CSP	Cloud Service Provider
DS-GVO	Datenschutzgrundverordnung
EIA	Energy Information Administration
GSOC	Global Security Operation Center
HTTP	Hypertext Transfer Protocol
IaaS	Infrastructure as a Service
IP	Internet Protokoll
JBOD	Just a Bunch of Disks
LAN	Local Area Network
MAN	Metropolitan Area Network
OPEX	Operational expenditure
OSA	Operational Security Assurance
PaaS	Platform as a Service
PUE	Power usage effectiveness
PoC	Proof of Concept
RoI	Return on Investment
SaaS	Software as a Service
SDL	Security Development Lifecycle
SLA	Service Level Agreement
SOC	Security Operation Center
TCO	Total Cost of Ownership
TTM	Time to Market
TTIP	Transatlantisches Freihandelsabkommen
WAN	Wide Area Network

Abbildungsverzeichnis

Tabellenverzeichnis

1 EINLEITUNG

„Cloud computing is rapidly moving into the mainstream. The benefits are undeniable, but look at whether the security needs are met." [1]

1.1 Vorwort

Das Thema Cloud Computing ist seit Jahren ein Trend, der sowohl die IT-Strategien verschiedenster Unternehmen dominiert, als auch neue strategische Vorteile im Wettbewerb der Unternehmen untereinander bietet.[2] Der Markt der Cloud Service Provider (kurz: CSP) wächst stetig, sodass auch große Unternehmen, die in dem Markt erst seit wenigen Jahren agieren, ihre strategischen Ziele auf diesen Markt ausrichten. Darunter der Hersteller Microsoft, der mit den Cloud Themen Microsoft Azure und Microsoft Office365 den Markt adressiert.[3]

Viele Unternehmen stehen vor der Auswahl zwischen dem IT-Eigenbetrieb und dem Einkauf der IT Leistung aus der Cloud. Verschiedenste Aspekte sind bei dieser Entscheidung wichtig. Neben den Fragen der Kostenreduktion und Kostentransparenz müssen auch Aspekte der Sicherheit, der Marktwahrnehmung und der Lock-In Faktoren betrachtet werden, um den Weg in die Cloud realistisch zu bewerten.[4] Im Rahmen dieser multidimensionalen Betrachtung, ob und wie weit die Cloud die eigene IT voran bringt, müssen die eigenen Fähigkeiten realistisch betrachtet und bewertet werden. Die Frage steht im Raum, ob ein Unternehmen gleiche IT-Sicherheitsarchitekturen und IT-Sicherheitsbetriebe so zur Verfügung stellen kann wie die CSPs.[5]

Darüber hinaus sind Fragen zu klären welche Sicherheitsanforderungen erfüllt werden können und welche Risiken durch Gesetzgebungen des deutschen, aber auch des europäischen Raums nicht auf den CSP übertragbar sind. Die vorhandenen Sicherheitsbedenken bremsen die Cloud-Euphorie stark aus. Sie sind laut einer Studie des britischen IT-Marktforschungsunternehmens Quocirca für mehr als ein Drittel der Befragten noch immer ein wichtiger Grund Cloud Computing kategorisch abzulehnen.[6]

1.2 Zielstellung

Im Rahmen dieser Hausarbeit werden die Vorbehalte gegenüber dem Cloud Computing betrachtet und mit dem Lösungsportfolio des CSPs Microsoft verglichen. Abschließend wird die Eingangsfrage, ob die eigene IT-Sicherheit durch Cloud Computing erhöht wird, diskutiert.

---

[1] (PricewaterhouseCoopers, 2015)
[2] Vgl. (IDC, 2015)
[3] Vgl. (Microsoft, 2015)
[4] Vgl. (Schiefer, 2015), S. 4
[5] Vgl. (Cloud Security Alliance, 2015)
[6] Vgl. (Quocirca, 2015)

2 GRUNDLAGEN

2.1 Cloud Computing

Unter Cloud Computing versteht man das Speichern und Verarbeiten von Daten in einem entfernten Rechenzentrum. Das entfernte Rechenzentrum ist als Wolke (englisch Cloud) definiert und wird durch Dienstleister, die sogenannten CSPs, betrieben.[7] Technisch beschrieben sind Cloud Services abstrahierte IT-Infrastrukturen (z. B. Rechenkapazität, Datenspeicher, Netzwerkkapazitäten aber auch fertige Software), die dynamisch an den Bedarf des Kunden angepasst, über ein Netzwerk, zur Verfügung gestellt werden.[8]

Das Angebot und die Nutzung des Cloud Computings erfolgt dabei über definierte technische Schnittstellen und Protokolle, sowie über lokale Browser (Beispiele: Internet Explorer, Google Chrome, Mozilla Firefox, etc.). Die Spannweite, der im Rahmen des Cloud Computings angebotenen Dienstleistungen, umfasst das gesamte Spektrum der Informationstechnik und beinhaltet Infrastructure as a Service (kurz: IaaS), Plattform as a Service (kurz: PaaS) und Software as a Service (kurz: SaaS).[9]

Die Investitionen in Cloud Computing steigen stetig und zeigen einen eindeutigen Trend, wie in Abbildung 1 der Crisp Research AG zu sehen ist.

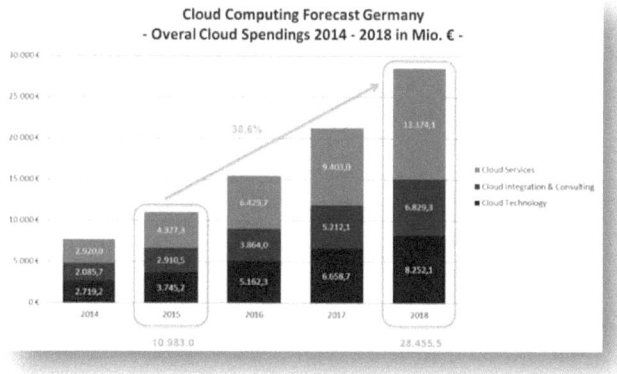

Entnommen aus: (Crisp Research AG, 2015)

Abbildung 1: Investitionen und Ausgaben in Mio. EURO in die Cloud

---

[7] Vgl. (Wu & Buyya, 2015), S. 97

[8] Vgl. (Ko & Choo, 2015), S. 10

[9] Vgl. (Hackmann, 2015)

2.2 Datenschutz

Datenschutz dient zum Schutz vor missbräuchlicher Datenverarbeitung, Schutz des Rechts auf informationelle Selbstbestimmung, Schutz des Persönlichkeitsrechts bei der Datenverarbeitung und Schutz der Privatsphäre.[10] Datenschutz steht für die Idee, dass jeder Mensch grundsätzlich selbst entscheiden kann, wem wann welche seiner persönlichen Daten zugänglich sein sollen. Der Datenschutz soll der, in der zunehmend computerisierten und vernetzten Informationsgesellschaft bestehenden, Tendenz zum so genannten gläsernen Menschen und dem Ausufern staatlicher Überwachungsmaßnahmen und nichtstaatlicher Datenmonopole entgegenwirken.[11]

Der Datenschutz ist im Cloud Computing eine elementare Aufgabe des CSPs, wie in Abbildung 2 zu sehen ist. Der CSP muss entsprechende Maßnahmen ergreifen, um einen umfassenden Datenschutz zu implementieren und den Kunden diesen entsprechend zu garantieren.

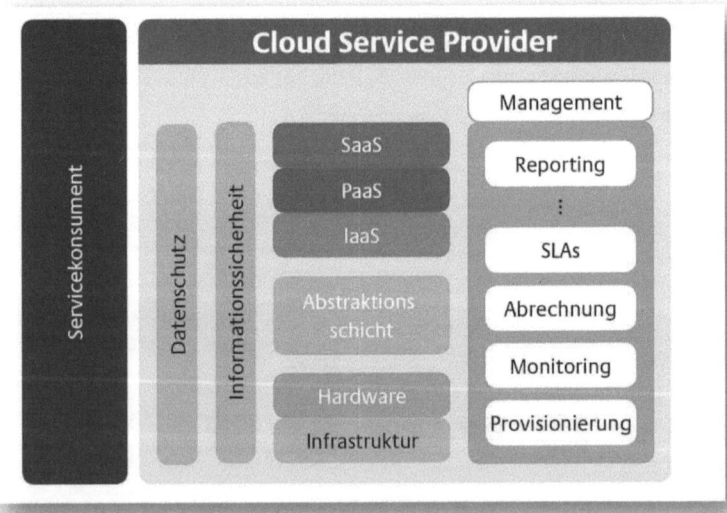

Entnommen aus: (Bundesamt für Sicherheit in der Informationstechnik, 2015)

Abbildung 2: Referenzarchitektur für eine Cloud Plattform

---

[10] Vgl. (IT-Systems-International, 2015)

[11] Vgl. (Bundesamt für Sicherheit in der Informationstechnik, 2015)

2.3 Informationssicherheit

Als Informationssicherheit bezeichnet man Eigenschaften von informationsverarbeitenden und -lagernden (technischen oder nicht-technischen) Systemen, die die Schutzziele Vertraulichkeit, Verfügbarkeit und Integrität sicherstellen. Informationssicherheit dient dem Schutz vor Gefahren bzw. Bedrohungen, der Vermeidung von wirtschaftlichen Schäden und der Minimierung von Risiken. Zur Verdeutlichung der Anforderungen an die IT-Sicherheit gibt es in der Fachliteratur die sogenannten drei Sicherheitssäulen, die Beachtung innerhalb einer IT-Infrastruktur finden müssen:[12]

Vertraulichkeit: Daten dürfen lediglich von autorisierten Benutzern gelesen bzw. modifiziert werden, dies gilt sowohl beim Zugriff auf gespeicherte Daten wie auch während der Datenübertragung.

Integrität: Daten dürfen nicht unbemerkt verändert werden, respektive müssen alle Änderungen nachvollziehbar sein.

Authentizität: Echtheit und Glaubwürdigkeit einer Person oder eines Dienstes müssen überprüfbar sein.

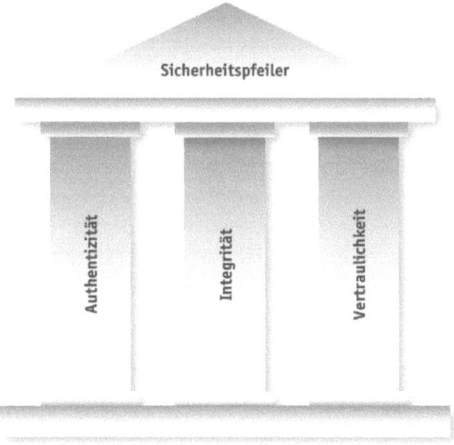

Entnommen aus: (TÜV SÜD AG, 2015)

Abbildung 3: Die drei Sicherheitspfeiler der Informationssicherheit

---

[12] Vgl. (Pohlmann, 2009), S.87

Darüber hinaus kommt die Verfügbarkeit der IT-Systeme zum Tragen, sodass das Fundament des Schaubilds die Verfügbarkeit darstellt.[13]

Verfügbarkeit: Verhinderung von Systemausfällen; der Zugriff auf Daten muss innerhalb eines vereinbarten Zeitrahmens gewährleistet werden.

Die Verfügbarkeit wird zumeist mittels Prozentzahlen angegeben, die meist vielversprechend interpretiert werden. Dennoch sind 99,4%, als Beispiel aus der Tabelle 1, kein Garant für einen ununterbrochenen Betrieb. Auch bei 99,4 % kommt es zu zulässigen 52,56 Stunden Ausfallzeit.

Verfügbarkeit	Minimale erwartete Betriebszeit [Stunden]	Maximale erlaubte Ausfallzeit [Stunden]	Maximale erlaubte Ausfallzeit [Minuten]
99 %	8672,4	87,6	5256
99,1 %	8681,16	78,84	4730,4
99,2 %	8689,92	70,08	4204,8
99,3 %	8698,68	61,32	3679,2
99,4 %	8707,44	52,56	3153,6
99,5 %	8716,2	43,8	2628
99,6 %	8724,96	35,04	2102,4
99,7 %	8733,72	26,28	1576,8
99,8 %	8742,48	17,52	1051,2
99,9 %	8751,24	8,76	525,6
99,99 %	8759,124	0,876	52,56
100 %	8760	0	0

Tabelle 1: Verfügbarkeit als Messgröße von IT-Systemen

In der Praxis orientiert sich die Informationssicherheit im Rahmen des IT-Sicherheitsmanagements unter anderem an der internationalen ISO/IEC 27000-Reihe.[14] Im deutschsprachigen Raum ist ein Vorgehen nach IT-Grundschutz verbreitet. Im Bereich der Evaluierung und Zertifizierung von IT-Produkten und -systemen findet die Norm ISO/IEC 15408 (Common Criteria) häufig Anwendung.[15]

---

[13] Vgl. (Kersten, 1995), S. 75
[14] Vgl. (TÜV SÜD AG, 2015)
[15] Vgl. (ISO.org, 2015)

2.4 Sicherheitstopologie

Der sichere Betrieb einer IT-Infrastruktur muss ganzheitlich betrachtet werden. Neben dem hochverfügbaren Betrieb der IT-Systeme müssen weitere Themen im Rahmen der Sicherheit analysiert werden. Eine entsprechende Sicherheitstopologie, die aus zwölf Themen besteht, zeigt alle relevanten Themen für einen sicheren Betrieb einer Cloud Infrastruktur auf.[16]

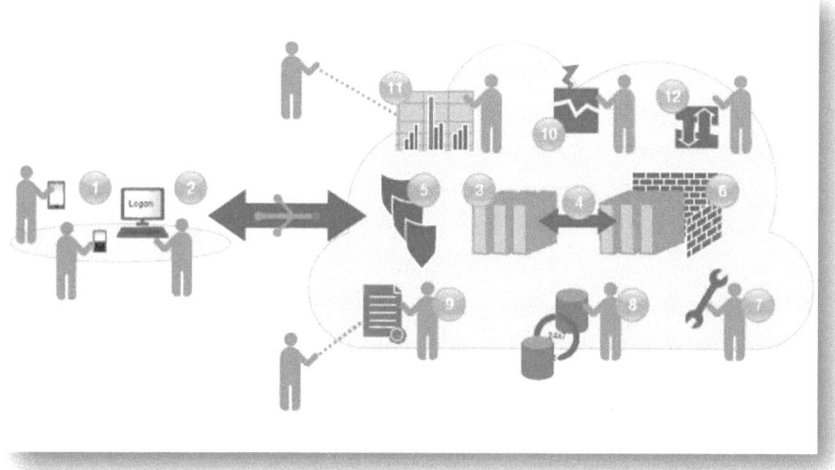

Entnommen aus: (Deutsche Telekom AG, 2015)

Abbildung 4: Sicherheitstopologie eines Cloud Service Providers

Die Betrachtung der Sicherheitstopologie dient dazu ganzheitlich zu verstehen, welche Themen durch Cloud Computing optimiert, aber auch verschlechtert werden.[17] Alle Punkte können durch entsprechende Analysen im Detail betrachtet und verglichen werden. Zumeist sind bestimmte Prozesse oder Maßnahmen bei Unternehmen noch nicht vollständig geregelt und können dementsprechend nicht qualitativ mit den Lösungen des CSPs verglichen werden.[18]

---

[16] Vgl. (Cloud Standards Customer Council, 2015)

[17] Vgl. (Deutsche Telekom AG, 2015)

[18] Vgl. (Wlodarz, 2013)

Die zwölf Themen umfassen alle relevanten Aspekte des Betriebs der IT-Infrastruktur:

- Verwaltung von Identitäten mit Rollen und Rechten, Endpunktsicherheit und Zugriffskontrolle
- Anwenderinfrastruktur und sichere Kommunikation in die Wolke
- IT-Systeme im Rechenzentrum
- Sichere Kommunikation innerhalb der Wolke und Service-Orchestrierung
- Schutz der IT-Systeme aufseiten des Service Providers
- Sicherheit des Rechenzentrums
- Sicherheitsorganisation und sichere Administration
- Servicemanagement und Verfügbarkeit
- Vertragsgestaltung, Prozessintegration und Migration
- Sicherheits- und Schwachstellenmanagement
- Nachweisführung und Vorfallmanagement
- Anforderungsmanagement und Compliance

Die sich daraus ergebene Betriebssicherheit kann entsprechend qualifiziert werden.[19] Alle Themen sind sowohl wichtig für den eigenen Betrieb von IT, als auch für die Qualifizierung eines möglichen CSPs.

Ein potentieller Kunde ist dementsprechend in der Lage, anhand des Themenkatalogs, den möglichen CSPs zu analysieren und mit anderen CSPs eindeutig zu vergleichen. Viele Beratungsunternehmen bieten Dienstleistungen an, die ein sogenanntes „Cloud Assessment" für die genannte Qualifizierung des CSPs, hinsichtlich der einzelnen Reifegrade durchführt.[20]

---

[19] Vgl. (Deutsche Telekom AG, 2015)

[20] Vgl. (Capgemini, 2015)

3 CLOUD SECURITY AM BEISPIEL VON MICROSOFT AZURE

3.1 Unterscheidungs- und Alleinungsmerkmale

Laut der Gartner Studie „Magic Quadrant for Cloud Infrastructure as a Service, Worldwide" sind die Firmen Amazon und Microsoft in dem Magic Quadrant „for Cloud Infrastructure as a Service" im Leaders Segment (siehe Abbildung 5). Die beiden Firmen hatten in der Historie verschiedene strategische Schwerpunkte.[21] Amazon ist aus dem Onlineverkauf von Büchern und Microsoft ist primär durch Softwareherstellung bekannt. Nichtsdestotrotz ist die Ausrichtung der Strategie mittlerweile stark durch das Cloud Computing dominiert, sodass beide Unternehmen in vielen Bereichen bereits fest etabliert sind.[22]

Entnommen aus: (Gartner (1), 2015)

Abbildung 5: Gartner – Magic Quadrant for Cloud Infrastructure as a Service

Microsoft ist im Vergleich zu Amazon neuer am Markt und versucht durch das Herausarbeiten von Alleinstellungsmerkmalen Marktanteile zu gewinnen.[23] Ein Alleinstellungsmerkmal ist die ausgeprägte Transparenz im Sicherheitsbereich. Microsoft

---

[21] Vgl. (PricewaterhouseCoopers (1), 2015)

[22] Vgl. (Gartner (1), 2015)

[23] Vgl. (Leong, Toombs, & Gill, 2015)

versucht den Sicherheitsbetrieb und die Datenschutzstandards herauszuarbeiten, um die Konkurrenz auszustechen. [24]

3.2 Zertifizierungen

Microsoft versucht durch eine hohe Anzahl von Zertifikaten Kunden von den eigenen Leistungen gerade im Sicherheitsumfeld zu überzeugen:

„Mehrinstanzenfähige öffentliche Clouddienste, wie Microsoft Azure, werfen komplexe Fragen zum Datenschutz auf, bei denen Vertrauen ganz oben auf der Liste steht. Kunden nutzen nur Dienste, denen sie vertrauen. Wenn Sie in einen Clouddienst investieren, müssen Sie darauf vertrauen können, dass Ihre Daten geschützt und nur in einer Weise verwendet werden, die Ihren Erwartungen entspricht."[25]

Microsoft wirbt zudem damit, dass die Historie der eigenen Onlinelösungen bereits 20 Jahre zurückreicht und mittlerweile 240 Millionen Benutzerkonten existieren und die Onlinelösungen in 127 Ländern genutzt werden.[26]

Der Microsoft Zertifizierungsstatus adressiert sowohl globale, als auch regionale Themen in verschiedenen Märkten, wie in Tabelle 2 zu sehen ist.

Microsoft Certification Status		
CERT	MARKET	REGION
SSAE/SOC	Finance	Global
ISO27001	Global	Global
ISO27018	Global	Global
EUMC	Europe	Europe
FERPA	Education	U.S.
FISMA	Government	U.S.
PCI	CardData	Global
HIPAA	Healthcare	U.S.
HITECH	Healthcare	U.S.
ITAR	Defense	U.S.
HMG IL2	Government	UK
CJIS	Law Enforcement	U.S.

Entnommen aus: (Microsoft (1), 2015)

Tabelle 2: Auflistung der Microsoft Zertifikate mit Markt- und Region

---

[24] Vgl. (Microsoft (1), 2015)
[25] (Microsoft (1), 2015)
[26] Vgl. (Cloud Standards Customer Council, 2015)

Besonders hervorzuheben ist die Zertifizierung ISO27018, die als erste das Cloud Computing entsprechend regelt.[27] Insbesondere kommt das Zertifikat auch den Forderungen der deutschen Aufsichtsbehörden in der, im September 2011 veröffentlichten, "Orientierungshilfe zum Cloud Computing" nach.[28] Zudem stellt sie auch im Hinblick auf die erwartete europäische Datenschutzgrundverordnung (kurz: DS-GVO) eine sinnvolle Zertifizierung dar. Der 27018-Standard verlangt umfangreiche Benachrichtigungs-, Informations-, Transparenz- und Nachweispflichten von den CSPs.[29] Diese Pflichten sind auch Gegenstand des Entwurfs zur europäischen Datenschutzgrundverordnung und können damit künftig europaweit vorausgesetzt werden.[30]

„Ein Beispiel für diese Transparenz sind die Microsoft Online Services-Datenschutzbestimmungen, welche die spezifischen Datenschutzrichtlinien und -verfahren beschreiben, die für die Daten unserer Kunden in Azure gelten. Eine weitere Maßnahme im Rahmen von Microsofts Verpflichtung zum Schutz Ihrer Daten ist unsere Einführung des ersten internationalen Standards zum Datenschutz in der Cloud, ISO/IEC 27018 - als erster größerer Cloudanbieter."[31]

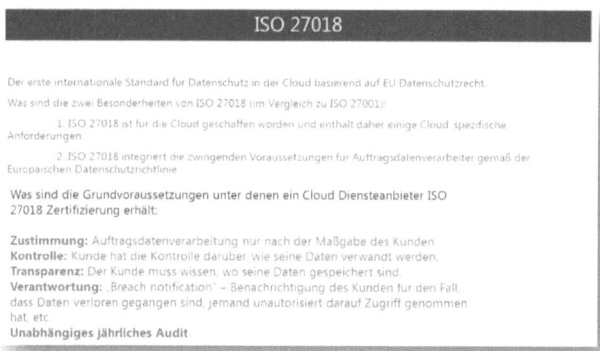

Entnommen aus: (Microsoft, 2015)

Abbildung 6: Darstellung der ISO 27018 Zertifizierung

---

[27] Vgl. (Bundesamt für Sicherheit in der Informationstechnik, 2015)

[28] Vgl. (Landesbeauftrage für den Datenschutz und die Informationsfreiheit, 2015)

[29] Vgl. (ISO.org (1), 2015)

[30] Vgl. (Cloud Standards Customer Council, 2015)

[31] (Microsoft (1), 2015)

Die Offenlegung von Daten kann gerichtlich erwirkt werden. Alle CSPs sind verpflichtet nach Regierungsanfragen oder richterlichen Beschlüssen gewisse Daten den anfragenden Organen zur Verfügung zu stellen.[32] Die Firma Microsoft steht unter stetigem Verdacht Daten an amerikanische Sicherheitsbehörden, wie die Central Intelligence Agency (kurz: CIA), abzugeben.[33] Um diesem Vorwurf entgegenzutreten, betreibt Microsoft das Trust Center Azure, das Behörden, wenn eine rechtmäßige Anfrage nach Azure-Kundendaten besteht, die entsprechenden Daten nur eingeschränkt frei gibt. Der Anfragende und die Art der freigegeben Daten werden aus Transparenzgründen propagiert.

Total Requests		Some Customer Data Disclosed			No Customer Data Disclosed		
Total Number of Law Enforcement Requests	Accounts/ Users Specified in Requests	Law Enforcement Requests Resulting in Disclosure of Content	Law Enforcement Requests Resulting in Disclosure of Only Subscriber/Transactional (Non-Content) Data	Law Enforcement Requests Resulting in Disclosure of No Customer Data (No Data Found)	Law Enforcement Requests Resulting in Disclosure of No Customer Data (Request Rejected for Not Meeting Legal Requirements)		
#	#	%	#	%	#	%	#
TOTAL	31,002	52,997	3.36%	1,043	73.17%	22,685	15.91%	4,932	7.55%	2,342

Entnommen aus: (Microsoft (1), 2015)

Tabelle 3: Auflistung der behördlichen Anfragen nach Land und Veröffentlichungsgrad

Generell gilt, dass Microsoft:

- keiner Regierung direkten oder uneingeschränkten Zugriff auf Kundendaten erteilt. Microsoft gibt nur bestimmte Daten frei, die durch entsprechende rechtliche Ansprüche angeordnet werden[34]
- wenn sie zur Offenlegung von Kundendaten verpflichtet wird, werden die Kunden sofort darüber informieren und den Kunden wird eine Kopie der Anforderung zugestellt, wenn Microsoft dies nicht aufgrund von gesetzlichen Bestimmungen untersagt ist[35]

---

[32] Vgl. (Yeluri & Castro-Leon, 2014), S. 72

[33] Vgl. (inside-it.ch, 2015)

[34] Vgl. (Washington Post, 2015)

3.3 Rechenzentrumsbetrieb

Neben den technischen Sicherheitsaspekten sind auch wirtschaftliche Aspekte im Rahmen der Sicherheit und genauer Investitionssicherheit zu betrachten. Microsoft hat seine Rechenzentren so optimiert, dass in der Generation 5 ein Power usage effectiveness (kurz: PUE) Wert von 1.07 – 1.19 erreicht wird. Dieser PUE Wert wird mittels des

$$PUE = \frac{\text{Total Facility Energy}}{\text{IT Equipment Energy}}$$

Gesamtenergieverbrauchs und dem eigentlichen Verbrauch der IT Systeme ermittelt.[36]

Abbildung 7: Errechnung PUE

Die ersten Generationen von 1989 bis 2007 liefen noch bei einem PU Wert von 1.8 bis 1.6. Erst nach dem Eintreten der ersten großen Cloud Engagements des Unternehmens wurde weiter an der Effektivität der Rechenzentrumsleistung gearbeitet.[37]

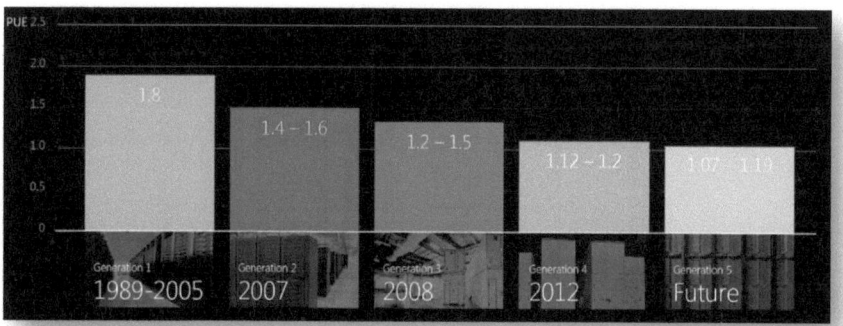

Entnommen aus: (Microsoft, 2015)

Abbildung 8: Rechenzentrumsgenerationen im PUE Vergleich

---

[35] Vgl. (PRW Rechtsanwälte, 2015)

[36] Vgl. (itwissen.info, 2015)

[37] Vgl. (Microsoft, 2015)

Die PUE Werte werden für das gesamte Rechenzentrum ermittelt und geben so Auskunft über die Energieeffizient der gesamten Infrastruktur. Diese Werte geben den Cloud Kunden, gerade in Deutschland, einen klaren Einblick über die Nachhaltigkeit der Investition und damit auch in die Preisstabilität und daraus die abgeleitete Sicherheit.[38]

3.4 Datenredundanz

Die PUE Werte werden zum größten Teil durch die eingesetzten Serversysteme erreicht. Die Systeme sind stark konvergiert. Diese Konvergenz geht soweit, dass es keine Trennung zwischen dedizierten Storage- und Computingsystemen mehr gibt. Somit entfallen große Storagemonoliten und es entstehen hohe Anzahlen von Datenredundanzen zur Sicherheit der einzelnen Daten. Die einzelnen Server sind soweit energetisch optimiert, dass ein effizienter Betrieb möglich ist. Wie in Abbildung 9 zu sehen ist, bestehen diese Server aus allen notwendigen Komponenten, um eine entsprechend schnelle Inbetriebnahme zu ermöglichen.[39]

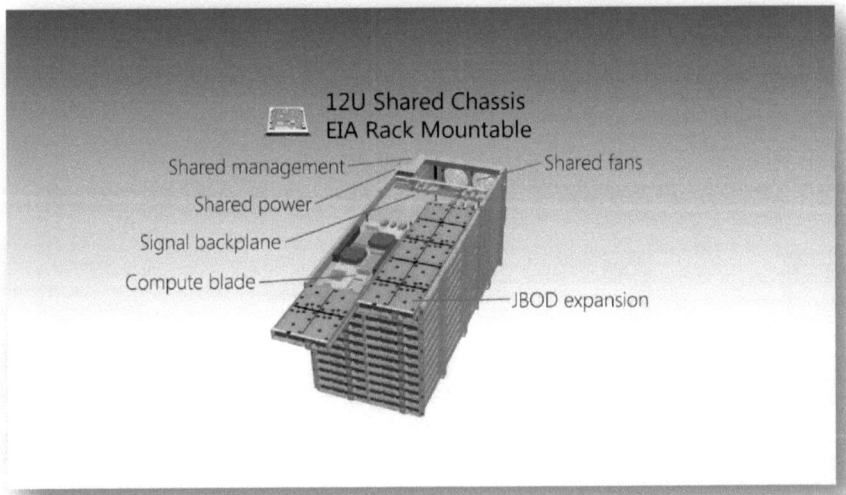

Entnommen aus: (Microsoft, 2015)

Abbildung 9: Serverarchitektur im Microsoft Rechenzentrum

---

[38] Vgl. (Rhoton, De Clercq, & Graves, 2013), S. 61

[39] Vgl. (speicherguide.de, 2015)

Ein so großer Servermonolith wird nicht mehr partiell gewartet. Einzelne Komponenten können in diesem System ausfallen, ohne, dass das Gesamtsystem ausfällt.[40] Sobald eine Reihe von Komponenten im System ausfällt, wird der komplette Monolith in einem ausgetauscht. Aufgrund der verteilten Datenablage sind keine Migrationsszenarien bei einem entsprechenden Austausch zu beachten.[41]

3.5 Sicherheitsbetrieb

Microsoft betreibt ein eigenes Global Security Operations Center (kurz: GSOC), das im globalen Kontext die Microsoft Cloud Infrastrukturen und die angebundenen Wide Area Networks (kurz: WAN) überwacht. Die Lokationen sind so gewählt, dass ein 24 Stunden Betrieb im Sinne der „Follow the Sun" Betriebs möglich wird. Dieses Center bildet die Basis für Operational Security Assurance (kurz: OSA). Die OSA ist die Zusage hinsichtlich eines ganzheitlichen Sicherheitsbetriebs der Strukturen. Es gibt dedizierte Mitarbeiter, die nichts anderes tun als die Sicherheit der Microsoft Infrastrukturen proaktiv zu überwachen.[42]

Entnommen aus: (Microsoft (2), 2015)

Abbildung 10: Microsoft GSOC Lokationen

---

[40] Vgl. (Mather, Kumaraswamy, & Latif, 2009), S. 14

[41] Vgl. (Microsoft, 2015)

[42] Vgl. (rsaconference.com, 2015)

Die Mitarbeiter des GSOCs überwachen 840 Lokationen weltweit und sind dementsprechend personell so ausgestattet, das eine ganzheitliche Überwachung ermöglicht wird. Ein solcher GSOC Betrieb für die Rechenzentren ist wenigen Unternehmen vorbehalten. Hintergrund sind die hohen Kosten des Betriebs und der Erstinvestition.[43] Die kleinere Ausbaustufe ist ein Security Operations Center (kurz: SOC), das öfter anzutreffen ist, doch durch die neuen Arten der Angriffe mehr und mehr zur Diskussion gestellt wird.[44]

---

[43] Vgl. (Microsoft (2), 2015)

[44] Vgl. (Microsoft (3), 2015)

4 CHANCEN UND RISIKEN FÜR DEN MITTELSTAND

„IT-Verantwortliche sollten die Cloud als eine Chance zur Komplexitätsreduzierung und Fokussierung auf die Weiterentwicklung von Business-Technologien sehen. Bereits jetzt sollte an Cloud Readiness und Pilotprojekten gearbeitet werden. In vielen Bereichen fehlen noch Integrationstechnologien und wegweisende Standards sowie Best Practices. Wir erleben, dass sowohl Nutzer als auch Provider intensiv daran arbeiten, solche zu entwickeln. "[45]

4.1 Vorurteile

Der Mittelstand in Deutschland steht im Fokus dieser Hausarbeit aufgrund zweier wichtiger Aspekte. Öffentliche Institutionen sind nicht prädestiniert für Cloud-Computing, da entweder eigene Infrastrukturen vorbehaltlich für Behörden vorhanden sind oder eine Cloud-Computing nutzen gesetzlich ausgeschlossen ist. Zum Zweiten sind Enterprise Unternehmen, die global agieren, so gut infrastrukturell aufgestellt, dass Cloud-Computing in der ersten Iteration keine Mehrwerte bieten kann. Der Mittelstand steht somit im Fokus der Diskussion um den Mehrwert des Cloud Computings, dennoch gibt es ein Varietee an Vorurteilen gegenüber dem Cloud-Computing.[46]

Behauptete Gründe gegen Cloud-Computing:

- Emotionales deutsches Besitzstandsdenken
- Abhängigkeit vom Anbieter
- Know-how Verlust
- Sorge vor vollständiger Abhängigkeit (Nowayback)
- Datendiebstahl ist problematisch
- Datenschutz ist problematisch
- Rechtlich problematisch im Umfeld der Verletzung von Privatgeheimnissen

Aktuelle Beispiele aus der Medienlandschaft bekräftigen diese Vorurteile sind aber nicht repräsentativ für professionelle CSPs.[47] Die Beispiele, die negativ in der Presse behandelt werden, kommen aus dem Endkundensegment und sind vorranging konventionelle IT-Infrastrukturen.

---

[45] Vgl. (PricewaterhouseCoopers (1), 2015)

[46] Vgl. (Die Zeit, 2015)

[47] Vgl. (Focus, 2015),Vgl. (spiegel.de, 2015)

Die Unternehmen im Mittelstand versuchen verschiedenste Themen durch Cloud Computing zu realisieren. Vorranging steht die Effizienzsteigerung oder auch die Kostenoptimierung, demgegenüber werden Hype –Themen, wie das Thema Social, laut IDC, nachrangig betrachtet.[48]

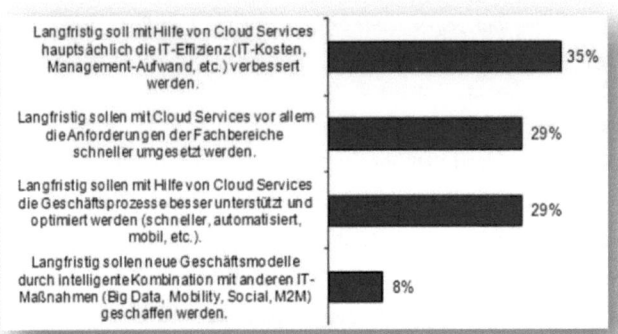

Entnommen aus: (IDC, 2015)

Abbildung 11: Wichtigste Outsourcing Treiber

Auffällig in der Diskussion um mögliche Mehrwerte des Cloud Computings ist die nachrangige Behandlung des Themas Security. Dieser Umstand korreliert mit der Aussage, dass IT-Manager in Deutschland Security nur zu 19% hoch priorisieren. Im internationalen Vergleich rangieren damit die deutschen IT-Manager im unteren Drittel.[49]

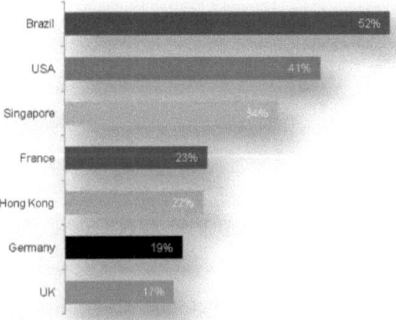

Entnommen aus: (bt.com, 2015)

Abbildung 12: Umfrage IT-Security Priorität

---

[48] Vgl. (IDC, 2015)

[49] Vgl. (bt.com, 2015)

4.2 Kostenreduktion

Durch den Einsatz von Cloud Computing erlangen Unternehmen einen entsprechenden Kostenvorteil. Dieser Kostenvorteil ergibt sich aus verschiedenen Bereichen der Kostentreiber der IT. In Abbildung 13 ist der Trend der Kosten an Zeit gemessen nach Einführung von Cloud Computing nachvollziehbar. Herauszuarbeiten ist, dass die größten Einsparungen durch die Operational expenditure (kurz: OPEX) entstehen, die im weiteren Verlauf der Kostenreduktion noch steigen. Die Infrastrukturkosten (Speicher, Netzwerk und Rechenleistung), auch Capital expenditure (kurz: CAPEX) genannt, schrumpfen zudem stark.[50]

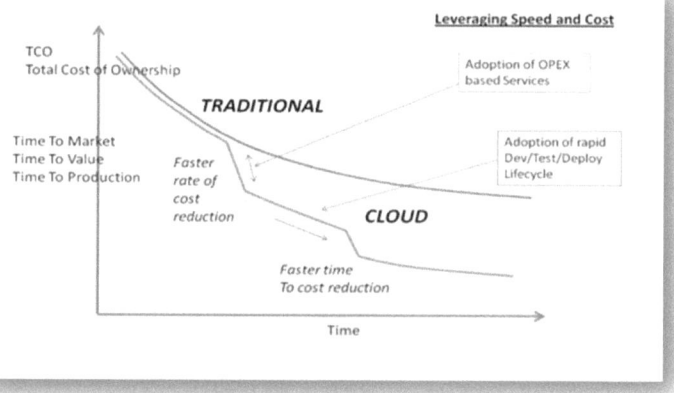

Entnommen aus: (opengroup.org, 2015)

Abbildung 13: Kostenverhältnis Traditional im Vergleich zur Cloud

Es bleiben hohe Kosten bei den Mitarbeitern und Prozessen bestehen und eine Reduktion der Kosten fällt weniger stark aus wie bei den weiteren Kostenaspekten. Dieser Umstand ist dadurch mit zu erklären, dass bei einem Outsourcing nicht unmittelbar das Betriebspersonal das Unternehmen verlässt.[51] Dennoch ergeben sich durch frei werdende Potentiale Möglichkeiten diese Ressourcen Security Themen zuzuordnen, um so den Grad an Sicherheit im Unternehmen zu erhöhen.[52]

---

[50] Vgl. (opengroup.org, 2015)

[51] Vgl. (Computerwoche (1), 2015)

[52] Vgl. (Winkler, 2011), S. 40

4.3 Optimierung der Sicherheitstopologie

In mittelständischen Unternehmen ist die Sicherheitstopologie im Vergleich zu großen Unternehmen nicht so ausgeprägt. Es fehlt sowohl an Personal als auch an dem Verständnis der Materie auf Entscheider Ebene.[53] „Für den Mittelstand besteht beim Thema IT- und Informationssicherheit weiterhin dringender Handlungsbedarf", so lautet das alarmierende Ergebnis der aktuellen Security Bilanz Deutschland des Marktforschungsinstituts techconsult. Die Umsetzungsprobleme verschiedener elementarer Sicherheitsarchitekturen, wie in Abbildung 14 zu sehen ist, basieren auf verschiedenen Ursachen.[54] Eine wesentliche Ursache für Sicherheitsakzeptanz ist die fehlende Sensibilisierung für das Thema und die fehlenden Akzeptanzmaßnahmen hinsichtlich der Investitionen.[55]

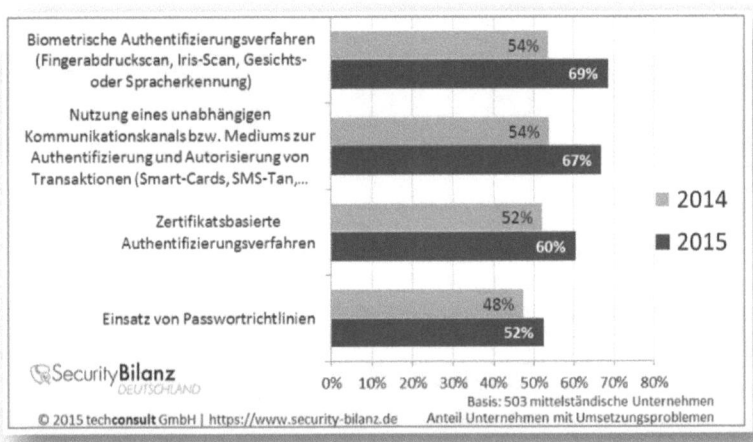

Entnommen aus: (security-bilanz.de, 2015)

Abbildung 14: Sicherheitsmaßnahmen und deren Umsetzung im Mittelstand

Gerade aus dem Grund heraus, dass die IT-Sicherheit in den mittelständischen Unternehmen nicht ausgereift ist, sollte naheliegend die Entscheidung in Richtung Optimierung durch

---

[53] Vgl. (datenverlust-vorbeugen.de, 2015)

[54] Vgl. (security-bilanz.de, 2015)

[55] Vgl. (Ko & Choo, 2015), S. 33

Cloud Computing gelingen, dennoch überwiegen die Vorbehalte gegenüber dem Cloud Computing, die Mythen gleichen.[56]

Durch den vorstehenden Umstand, dass die IT-Sicherheit in mittelständischen Unternehmen ausbaufähig ist, wird die Aussage umso schlimmer, dass der Wettkampf um die IT-Sicherheit weiter voranschreitet und die Mittelständler auf der Verliererseite stehen.[57] Viele Mittelständler sind sich gar nicht darüber bewusst, dass die Grenzen zwischen konventioneller IT und Cloud Computing fließend sind.[58] Daraus ergibt sich die klare Aussage, dass neue Angriffsszenarien von Hackern, wie an einem Beispiel in Abbildung 15 zu sehen ist, auch auf die konventionelle IT gerichtet werden können. In Abbildung 15 ist zu sehen, dass seit 2013 300 Gbit/s Angriffsszenarien ermöglicht werden, die jedes Mittelstandsunternehmen mit modernen Internetanbindungen lahmlegen kann.[59] Solche Angriffe werden aus sogenannten Dark Clouds ermöglicht, die ähnlich wie kommerzielle Clouds, große Rechnerverbände mobilisieren.[60]

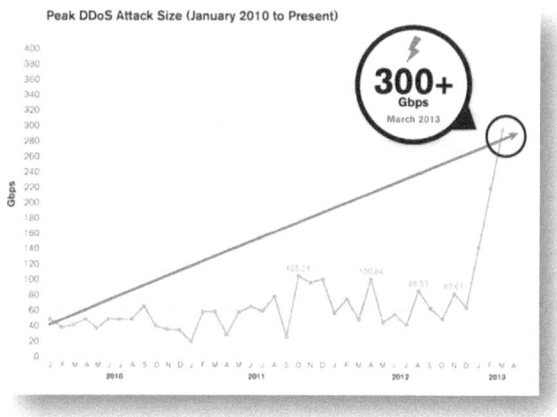

Entnommen aus: (Krebs on Security LLC, 2015)

Abbildung 15: Angriffsszenario mit 300 Gbit/s als neue Angriffsdimension

---

[56] Vgl. (Spark, 2015)

[57] Vgl. (Computerwoche (2), 2015)

[58] Vgl. (Bub & Wolfenstetter, 2014), S. 45f

[59] Vgl. (Krebs on Security LLC, 2015)

[60] Vgl. (Samani, Reavis, & Honan, 2014), S. 171

Diese starke Diskrepanz sollte jeden IT-Verantwortlichen zumindest zu Evaluierung von Cloud Computing bewegen, um so aktuelle Gefahren gegen die eigene IT-Infrastruktur zu bewerten.[61] Gerade für Unternehmen, die das Internetgeschäft und das Verwalten von Kundendaten im eigenen Lösungsportfolio stehen haben, sollten das Thema IT-Security selbst neu bewerten.

4.4 Verfügbarkeit

Die Verfügbarkeit von IT-Systemen ist ein wichtiger Bestandteil gerade bei vielen IT-Systemen, die wichtige Geschäftsprozesse unterstützen.[62] Bei heutigen Echtzeit-Business-Prozessen sind Informationen aus der zentralen Logik zeitkritisch, sodass bei einem entsprechenden Ausfall von zentralen IT-Architekturen Business Prozesse Gefahr laufen zu erliegen.[63]

Die Tabelle der Verfügbarkeiten in Kapitel 2.3 zeigt verschiedenste Alternativen, die auf jedes IT-System projiziert werden kann. Der steigende Anspruch IT-Systeme an die 99.9% Verfügbarkeit grenzen zu lassen geht einher mit hohen Investitionen. Ein simpler Vergleich zwischen der Verfügbarkeit eines lokalen Mailsystems auf Basis Microsoft Exchange mit dem Online Äquivalent Exchange Online zeigt, dass die Erreichung gleicher Service Level Agreements (kurz: SLA) im eigenen Rechenzentrum bei weitem höhere Investitionen erfordert, als die Nutzung des Online Äquivalents. Um eine entsprechende Verfügbarkeit zu garantieren, gewinnt der Cloud Computing Aspekt weiter an Bedeutung, da sich Verfügbarkeiten in Bereichen von 99,9%+ weniger bei Unternehmen direkt, sondern bei entsprechenden CSPs, wie in Abbildung 16 an einem Beispiel zu sehen ist, realisieren lassen.

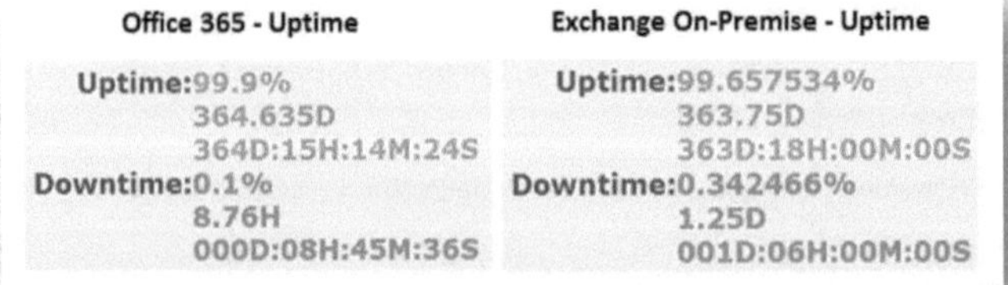

Office 365 - Uptime	Exchange On-Premise - Uptime
Uptime:99.9%	Uptime:99.657534%
364.635D	363.75D
364D:15H:14M:24S	363D:18H:00M:00S
Downtime:0.1%	Downtime:0.342466%
8.76H	1.25D
000D:08H:45M:36S	001D:06H:00M:00S

Entnommen aus: (betanews.com, 2015)

Abbildung 16: Verfügbarkeit eines SaaS (Office365) versus On-Premise Äquivalent (Exchange)

---

[61] Vgl. (Cloud Standards Customer Council, 2015)
[62] Vgl. (Gartner (2), 2015)
[63] Vgl. (Samani, Reavis, & Honan, 2014), S. 191

Darüber hinaus ist das Paradigma der zentralen Datenhaltung und Datenverarbeitung antiquiert, sodass sich jeder IT-Architekt die Frage stellen muss, inwieweit die Rechenzentren global und hochverfügbar verteilt werden. Die derzeitige Handhabe die wichtigsten Kernsysteme des Unternehmens aufgrund von Kosten- und Sicherheitsaspekten zu zentralisieren ist überholt.[64]

4.5 Lock-In-Faktoren

Ein weiterer wichtiger Aspekt bei der Betrachtung von Outsourcing in die Cloud sind die Lock-In Faktoren. Diese Faktoren beschreiben die Gefahren, dass ein Unternehmen sich ohne Ausweg an einen CSP bindet. Diese Faktoren müssen im Vorwege betrachtet und bewertet werden. Jedem einzelnen Lock-In-Faktor können Lösungsansätze gegenübergestellt werden, die mit einem möglichen CSP diskutiert werden können.[65]

Lock-In-Faktor	Lösungsansatz
Kunde auf Backups des Cloud Providers angewiesen	Verpflichtung zur Bereitstellung einer Schnittstelle, über die der Kunde jederzeit eigene Backups der Daten erstellen kann
Proprietäre Datenformate Herausgabe in einem bestimmten Format ausdrücklich zu vereinbaren	Verpflichtung zur Verwendung offener Formate für die Speicherung der Daten des Kunden in der Cloud und Migration bei Vertragsbeendigung
Know-how-Verlust beim Kunden	Laufende Schulungen der IT Abteilung Verpflichtung des Cloud Providers zu laufendem Know-how-Austausch
Dauer und Kosten der Migration aus der Cloud schwer abschätzbar	Mitwirkungsleistungen des Cloud Providers bei Vertragsausstieg samt Entgelt konkret definieren
Für den Kunden angepasste Applikationen nach der Migration aus der Cloud nicht mehr nutzbar	Verpflichtung des Cloud Providers zur plattformneutralen Entwicklung Verpflichtung des Cloud Providers zur Herausgabe der Source Codes
Verfügbarkeit der Daten während des Migrationsprojekts nicht gewährleistet	Für die Dauer des Migrationsprojekts Parallelbetrieb vorsehen

Tabelle 4: Lock-In-Faktoren mit Lösungsansätzen

---

[64] Vgl. (Gartner (2), 2015)
[65] Vgl. (Schiefer, 2015)

Im Bereich des Outsourcings von Sicherheitsstrukturen bilden sich am deutlichsten die Lock-In-Faktoren im Bereich des Know-How-Verlusts, aber auch der individuellen Applikationen. Für bestimmte Kernapplikationen eines Unternehmens sind individuelle Sicherheitslösungen entstanden, die entweder nicht übertragbar sind, oder wenn sie übertragbar sind schwer zurückzuführen sind.[66]

---

[66] Vgl. (Spark, 2015)

5 ABSCHLUSS

5.1 Probleme

Im Rahmen dieser Hausarbeit wurde aufgezeigt welche Mehrwerte ein CSP, im Bereich IT-Sicherheit, am Beispiel des Microsoft Leistungsportfolios, bietet. Dennoch ist festzustellen, dass ein Outsourcing in die Cloud definitiv nicht alle Herausforderungen im Kontext von IT-Sicherheitsansprüchen erfüllt:[67]

- Die Verlagerung einer gesetzlichen Haftung (Zivilrecht) oder strafrechtlichen Verantwortlichkeit auf einen Dritten kann durch Outsourcing wird nicht erreicht werden[68]

- Umfassende Kontrollen durch eigenes Personal entfällt und wird durch Zertifikate vermeintlich substituiert[69]

- Nicht alle Sicherheitsrisiken werden durch Outsourcing in die Cloud gemindert[70]

Zusammengefasst kann gesagt werden, dass das Outsourcing in die Cloud lediglich technische Mehrwerte im Sinne der IT-Sicherheit bietet. Weiterhin schwierige Fragestellungen im Sinne des Datenschutzes und der Datenverarbeitung verbleiben, auch nach dem Outsourcing in die Cloud, beim Dateninhaber.[71]

Darüber hinaus sind viele Aspekte des Datenschutzes aktuell in der Diskussion und hemmen nachvollziehbar die Cloud-Euphorie zusätzlich.[72] Die aktuellen Kontroversen hinsichtlich des transatlantischen Freihandelsabkommens (kurz: TTIP) und dem darin in Frage gestellten europäischen Datenschutz, sind erst in den Anfängen und werden den Cloud-Trend weiter verkomplizieren.[73]

Des Weiteren müssen in der Kostenbetrachtung die Transaktions- und Migrationskosten im Detail betrachtet und diskutiert werden, um eine realistische Annäherung zu erreichen. Die simple Darstellung des Total Cost of Ownership (kurz: TCO) spricht für sich. Die Diskussion leidet durch Aspekte wie fehlende Abschreibungsmaße und einer niedrigeren Bilanzsumme

---

[67] Vgl. (Fiebig, 2015)
[68] Vgl. (PRW Rechtsanwälte, 2015)
[69] Vgl. (Mather, Kumaraswamy, & Latif, 2009)
[70] Vgl. (PricewaterhouseCoopers, 2015)
[71] Vgl. (Ko & Choo, 2015), S. 38
[72] Vgl. (democracynow.org, 2015)
[73] Vgl. (ttip-unfairhandelbar.de, 2015)

der Unternehmen, nach Einführung des Cloud Computings. Zusammengefasst ist der TCO nur die halbe Wahrheit und muss realistischer Weise kontrovers diskutiert werden.[74]

Zudem muss diskutiert werden, ob ein kleines Mittelstandsunternehmen nicht neue Risikodimensionen erlangt, dadurch, dass die eigenen Daten auf der gleichen Infrastruktur beim CSP betrieben werden, auf der auch, für Angreifer lukrativere Angriffsziele, nämlich Daten größerer Unternehmen liegen.

5.2 Ausblick

Im Rahmen dieser Hausarbeit wurde festgestellt, dass das Outsourcing in die Cloud die eigene IT-Sicherheit, genauer die IT-Sicherheit im Mittelstand, durch fremde Hände, durch die CSPs, optimieren kann.

IT-Sicherheit gewinnt, durch erfolgreiche Angriffsszenarios und deren Publikation, weiter an Bedeutung.[75] Die Unternehmen rüsten sich dagegen, sodass der stetige Wettkampf, um die IT-Sicherheit, neue Lösungen verlangt.[76] Verlierer des Wettkampfs sind mittelständische Unternehmen, die die bisherigen IT-Kosten als Belastung sehen und keine weiteren Ressourcen für IT, darunter für den IT-Sicherheitsbetrieb, zur Verfügung stellen können.

Geradezu unrealistisch ist das Ziel, verschiedener mittelständischer Unternehmen, mit den Sicherheitsstandards der großen CSPs konkurrieren zu wollen. Somit sollte klar sein, dass IT-Entscheider die Mehrwerte der IT-Sicherheit mittels CSPs evaluieren sollten, um die eigene IT-Sicherheit zu erhöhen und das in einem wirtschaftlich sinnvollen Kontext.[77]

Es ist abschließend festzuhalten, dass beim Outsourcing in die Cloud nicht vorranging das Ziel verfolgt wird, die eigene IT-Sicherheit zu erhöhen, aber dem Argument, dass die eigene IT-Sicherheit, durch das Outsourcing in die Cloud, stark leidet, kann entschieden entgegnet werden.[78]

[74] Vgl. (opengroup.org, 2015)
[75] Vgl. (Frankfurter Rundschau (1), 2015), Vgl. (Frankfurter Rundschau (2), 2015), Vgl. (Frankfurter Rundschau (3), 2015)
[76] Vgl. (Babcock, 2015)
[77] Vgl. (VDI/VDE Innovation + Technik GmbH , 2015)
[78] Vgl. (Cloud Security Alliance, 2015)

Literaturverzeichnis

Babcock, C. (9. August 2015). *9 Worst Cloud Security Threats.* Von http://www.informationweek.com/cloud/infrastructure-as-a-service/9-worst-cloud-security-threats/d/d-id/1114085 abgerufen

betanews.com. (7. Februar 2015). *Comparing cloud vs on-premise? Six hidden costs people always forget about.* Von http://betanews.com/2013/11/04/comparing-cloud-vs-on-premise-six-hidden-costs-people-always-forget-about/ abgerufen

bt.com. (29. August 2015). *BT-Studie zur IT-Sicherheit: Deutschen Unternehmen fehlt Bewusstsein für Cyber-Bedrohungen.* Von http://www.btplc.com/news/articles/showarticle.cfm?articleid=%7B3b17d39d-3ed9-4094-973d-a8999de93d4d%7D abgerufen

Bub, U., & Wolfenstetter, K.-D. (2014). *Beherrschbarkeit von Cyber Security, Big Data und Cloud Computing: Tagungsband zur dritten EIT ICT Labs-Konferenz zur IT-Sicherheit.* Wiesbaden: Springer Fachmedien.

Bundesamt für Sicherheit in der Informationstechnik. (9. August 2015). *Eckpunktepapier Sicherheitsempfehlungen für Cloud Computing Anbieter.* Von https://www.bsi.bund.de/SharedDocs/Downloads/DE/BSI/Mindestanforderungen/Eckpunktepapier-Sicherheitsempfehlungen-CloudComputing-Anbieter.pdf abgerufen

Capgemini. (30. August 2015). *Cloud Assessment.* Von https://www.capgemini.com/customer-experience-management/salesforce-solutions/cloud-assessment abgerufen

Cloud Security Alliance. (9. August 2015). *Security Guidance for Critical Areas of Focus in Cloud Computing.* Von https://cloudsecurityalliance.org/guidance/csaguide.v3.0.pdf abgerufen

Cloud Standards Customer Council. (9. August 2015). *Security for Cloud Computing - 10 Steps to Ensure Success.* Von http://www.cloud-council.org/Security_for_Cloud_Computing-Final_080912.pdf abgerufen

Computerwoche (1). (29. August 2015). *Karriere nach dem Outsourcing.* Von http://www.computerwoche.de/a/karriere-nach-dem-outsourcing,2542092 abgerufen

Computerwoche (2). (9. August 2015). *Ratgeber IT-Sicherheit.* Von Welche Security-Risiken das Cloud Computing birgt und was Sie dagegen tun können.: http://www.computerwoche.de/a/ratgeber-it-sicherheit,2363872 abgerufen

Crisp Research AG. (29. August 2015). *Cloud Computing Forecast Germany.* Von http://www.crisp-research.com/die-wichtigsten-cloud-computing-trends-2015-teil-1/ abgerufen

datenverlust-vorbeugen.de. (23. August 2015). *IT-Security im Mittelstand: Die Bedrohungen wachsen, die Defizite (leider) auch.* Von http://datenverlust-vorbeugen.de/it-security-im-mittelstand-die-bedrohungen-wachsen-die-defizite-leider-auch/ abgerufen

democracynow.org. (30. August 2015). *Exclusive: CIA Whistleblower Jeffrey Sterling Speaks Out upon Sentencing to 3.5 Years in Prison.* Von http://www.democracynow.org/2015/5/12/exclusive_cia_whistleblower_jeffrey_sterling_speaks abgerufen

Deutsche Telekom AG. (9. August 2015). *Wie sicher ist die Cloud? Datenschutz und -sicherheit.* Von https://www.telekom.com/medien/medienmappen/cloud-computing/135566 abgerufen

Die Welt. (9. August 2015). *Eine Wolke ist kein Tresor.* Von http://www.welt.de/sonderthemen/mittelstand/it/article121181139/Eine-Wolke-ist-kein-Tresor.html abgerufen

Die Zeit. (9. August 2015). *Cloud Computing - Wächter der Wolke.* Von http://www.zeit.de/2010/30/Wolkenwaechter abgerufen

Fiebig, D. D. (9. August 2015). *IT-Sicherheit in der Cloud.* Von http://www.cloudcomputing-insider.de/sicherheit/allgemein/articles/459445/ abgerufen

Focus. (9. August 2015). *Wie sicher ist die Wolke? Fünf Cloud-Dienste im Security-Check.* Von http://www.focus.de/digital/internet/wie-sicher-ist-die-wolke-fuenf-cloud-dienste-im-security-check_id_4666432.html abgerufen

Frankfurter Rundschau (1). (9. August 2015). *Datenpanne bei der Unesco.* Von http://www.fr-online.de/digital/schlamperei-bei-bewerbungsunterlagen-datenpanne-bei-der-unesco,1472406,8391910.html abgerufen

Frankfurter Rundschau (2). (9. August 2015). *Hacker demütigen Sony.* Von http://www.fr-online.de/digital/elektronikkonzern-hacker-demuetigen-sony,1472406,8518900.html abgerufen

Frankfurter Rundschau (3). (9. August 2015). *Sicherheitslücke auf Karriere-Webseite.* Von http://www.fr-online.de/wirtschaft/linkedin-sicherheitsluecke-auf-karriere-webseite,1472780,8479330.html abgerufen

Gartner (1). (29. August 2015). *Magic Quadrant for Cloud Infrastructure as a Service, Worldwide.* Von https://www.gartner.com/technology/reprints.do?id=1-2G45TQU&ct=150519&st=sb abgerufen

Gartner (2). (9. August 2015). *Information Security.* Von http://www.gartner.com/technology/topics/information-security.jsp abgerufen

Hackmann, J. (23. August 2015). *Deutsche Cloud-Provider im Vergleich.* Von http://www.computerwoche.de/a/deutsche-cloud-provider-im-vergleich,2512833 abgerufen

IDC. (23. August 2015). *IDC-Studie: Deutsche Unternehmen wollen mit Cloud Services Geschäftsprozesse optimieren.* Von http://idc.de/de/ueber-idc/press-center/54895-idc-studie-deutsche-unternehmen-wollen-mit-cloud-services-geschaftsprozesse-optimieren abgerufen

inside-it.ch. (31. August 2015). *Microsoft liefert der US-Regierung (noch) keine Daten.* Von http://www.inside-it.ch/articles/36651 abgerufen

ISO.org (1). (29. August 2015). *ISO/IEC 27018:2014.* Von http://www.iso.org/iso/catalogue_detail.htm?csnumber=61498 abgerufen

ISO.org. (29. August 2015). *ISO/IEC 15408-1:2009.* Von http://www.iso.org/iso/catalogue_detail.htm?csnumber=50341 abgerufen

itwissen.info. (29. August 2015). *PUE (power usage effectivness).* Von http://www.itwissen.info/definition/lexikon/power-usage-effectivness-PUE.html abgerufen

Kersten, H. (1995). *Sicherheit in der Informationstechnik: Einführung in Probleme, Konzepte und Lösungen.* Berlin: Oldenbourg Wissenschaftsverlag.

Ko, R., & Choo, R. (2015). *The Cloud Security Ecosystem: Technical, Legal, Business and Management Issues.* Syngress.

Krebs on Security LLC. (23. August 2015). *The New Normal: 200-400 Gbps DDoS Attacks.* Von http://krebsonsecurity.com/2014/02/the-new-normal-200-400-gbps-ddos-attacks/ abgerufen

Landesbeauftrage für den Datenschutz und die Informationsfreiheit. (30. August 2015). *Orientierungshilfe – Cloud Computing.* Von https://www.datenschutz.rlp.de/downloads/oh/ak_oh_cloudcomputing.pdf abgerufen

Leong, L., Toombs, D., & Gill, B. (18. Mai 2015). *Magic Quadrant for Cloud Infrastructure as a Service, Worldwide.* Von https://www.gartner.com/doc/3056019/magic-quadrant-cloud-infrastructure-service abgerufen

IT-Systems-International. (23. August 2015). *White Paper - Cloud Security.* Von http://www.t-systems.de/news-media/white-paper-cloud-security/753526_2/blobBinary/WhitePaper-Cloud-Security.pdf abgerufen

Mather, T., Kumaraswamy, S., & Latif, S. (2009). *Cloud Security and Privacy: An Enterprise Perspective on Risks and Compliance.* Sebastopol, USA: O'Reilly and Associates.

Microsoft (1). (9. August 2015). *Microsoft Azure Trust Center: Sicherheit.* Von http://azure.microsoft.com/de-de/support/trust-center/security/ abgerufen

Microsoft (2). (23. August 2015). *Microsoft GSOC.* Von http://www.msgsoc.com/ abgerufen

Microsoft (3). (29. August 2015). *Security Development Lifecycle.* Von https://www.microsoft.com/en-us/sdl/default.aspx abgerufen

Microsoft. (29. August 2015). *Microsoft Azure: Cloud-Computing-Plattform und -Dienste.* Von http://azure.microsoft.com/de-de/ abgerufen

opengroup.org. (29. August 2015). *Building Return on Investment from Cloud Computing : Building Return on Investment from the Cloud.* Von http://www.opengroup.org/cloud/whitepapers/ccroi/roi.htm abgerufen

Pohlmann, N. (2009). *ISSE 2009 Securing Electronic Business Processes: Highlights of the Information Security Solutions Europe 2009 Conference.* Wiesbaden: Vieweg+Teubner Verlag.

PricewaterhouseCoopers (1). (9. August 2015). *Cloud Computing - Navigation in der Wolke.* Von http://www.pwc.de/de_DE/de/prozessoptimierung/assets/Cloud_Computing_deutsch.pdf abgerufen

PricewaterhouseCoopers. (9. August 2015). *Navigating security in the cloud.* Von http://www.pwc.com/en_US/us/it-risk-security/assets/pwc-navigating-security-in-cloud.pdf abgerufen

PRW Rechtsanwälte. (31. August 2015). *Datenschutzkonformität von Microsoft Office 365 und Windows Azure.* Von http://www.faveo.de/wp-content/uploads/2015/02/DS_Office_365_DS_Office_365.pdf abgerufen

Quocirca. (30. August 2015). *Security, performance, fear or confusion: what's holding back cloud adoption? .* Von http://quocirca.com/article/security-performance-fear-or-confusion-whats-holding-back-cloud-adoption abgerufen

Rhoton, J., De Clercq, J., & Graves, D. (2013). *Cloud Computing Protected: Security Assessment Handbook.* New Zealand: Recursive Limited.

rsaconference.com. (29. August 2015). *Building a Security Operations Center (SOC).* Von http://www.rsaconference.com/writable/presentations/file_upload/tech-203.pdf abgerufen

Samani, R., Reavis, J., & Honan, B. (2014). *CSA Guide to Cloud Computing: Implementing Cloud Privacy and Security.* Syngress.

Santos, A. (2015). *Cloud Security.*

Schiefer, M. (23. August 2015). *Rechtliche Wege zur Verhinderung von Lock-In-Situationen.* Von http://www.cloudkongress.at/uploads/media/2012_Vortrag_Rechtsanwalt_Martin_Schiefer.pdf abgerufen

security-bilanz.de. (29. August 2015). *Die Studie - Security Bilanz Deutschland.* Von https://www.security-bilanz.de/ abgerufen

Spark, D. (9. August 2015). *20 of the Greatest Myths of Cloud Security.* Von http://www.cio.com/article/2922374/cloud-security/20-of-the-greatest-myths-of-cloud-security.html abgerufen

speicherguide.de. (29. August 2015). *Tiered-Storage: verteiltes Speichern.* Von https://www.speicherguide.de/storage-hardware/disk-subsysteme/tiered-storage-verteiltes-speichern-12381.aspx abgerufen

spiegel.de. (9. August 2015). *Fraunhofer-Studie: Forscher bemängeln Sicherheit von Cloud-Diensten.* Von http://www.spiegel.de/netzwelt/web/fraunhofer-warnt-vor-cloud-sicherheitsluecken-a-833209.html abgerufen

ttip-unfairhandelbar.de. (30. August 2015). *Abhören als Dienstleistung.* Von http://www.ttip-unfairhandelbar.de/start/material/themen/datenschutz/ abgerufen

TÜV SÜD AG. (29. August 2015). *Informationssicherheit (ISMS) - ISO/IEC 27000 Normenreihe.* Von http://www.tuev-sued.de/akademie-de/examination-institute/portfolio/iso27k abgerufen

VDI/VDE Innovation + Technik GmbH . (9. August 2015). *Sicheres Cloud Computing.* Von http://www.vdivde-it.de/KIS/bekanntmachungen/bm-sichere-cloud abgerufen

Washington Post. (31. August 2015). *Microsoft fights U.S. search warrant for customer e-mails held in overseas server.* Von https://www.washingtonpost.com/world/national-security/microsoft-fights-us-search-warrant-for-customer-e-mails-held-in-overseas-server/2014/06/10/6b8416ae-f0a7-11e3-914c-1fbd0614e2d4_story.html abgerufen

Winkler, V. (. (2011). *Securing the Cloud: Cloud Computer Security Techniques and Tactics.* Syngress.

Wlodarz, D. (4. November 2013). *Comparing cloud vs on-premise? Six hidden costs people always forget about.* Von http://betanews.com/2013/11/04/comparing-cloud-vs-on-premise-six-hidden-costs-people-always-forget-about/ abgerufen

Wu, C., & Buyya , R. (2015). *Cloud Data Centers and Cost Modeling: A Complete Guide To Planning, Designing and Building a Cloud Data Center.* Morgan Kaufmann.

Yeluri, R., & Castro-Leon, E. (2014). *Building the Infrastructure for Cloud Security: A Solutions View.* New York: Apress.

BEI GRIN MACHT SICH IHR
WISSEN BEZAHLT

- Wir veröffentlichen Ihre Hausarbeit,
  Bachelor- und Masterarbeit

- Ihr eigenes eBook und Buch -
  weltweit in allen wichtigen Shops

- Verdienen Sie an jedem Verkauf

Jetzt bei www.GRIN.com hochladen
und kostenlos publizieren